REMEMBRANCE

PAR

Mlle R.-AGLAÉ DE LA PINIÈRE.

DU MÊME AUTEUR :

LE MOIS DE LA VIERGE

FLEURS POÉTIQUES OFFERTES A MARIE.

BOUQUET A SAINTE-ANNE (OPUSCULE).

NANTES

IMPRIMERIE MERSON, RUE DU CALVAIRE, 8.

Mars 1868.

REMEMBRANCE.

REMEMBRANCE

PAR

Mlle R.-AGLAÉ DE LA PINIÈRE.

DU MÊME AUTEUR :

LE MOIS DE LA VIERGE

FLEURS POÉTIQUES OFFERTES A MARIE.

BOUQUET A SAINTE-ANNE (OPUSCULE).

NANTES

IMPRIMERIE MERSON, RUE DU CALVAIRE 8.

Mars 1868.

PRÉFACE.

Ces poésies, les premières que j'aie composées quand j'ai eu le désir de publier mes ouvrages, ont été faites à une époque déjà éloignée de nous ; mais les sujets qui les ont inspirées étant religieux ou historiques, ou exprimant les affections légitimes du cœur, appartiennent, par cela même, à cette catégorie d'objets qui intéressent dans tous les temps et dans tous les lieux.

La faculté de se souvenir, la mémoire est l'un des plus beaux dons que Dieu ait faits à l'homme.

Le présent serait bien décoloré, bien pauvre d'enseignement s'il n'était enrichi de toute l'expérience, de toutes les richesses que lui apporte continuellement l'héritage du passé.

L'histoire est le trésor, la mine où vont puiser ceux qui savent mettre à profit l'expérience des temps et des siècles, pour le bonheur de l'humanité dans le présent et dans l'avenir.

J'ai pensé que l'espace de quatorze ans écoulé entre la composition de ces poésies et leur publication, n'était nullement un obstacle qui dût m'empêcher de les faire paraître, puisqu'il ne m'avait pas été possible de le faire plus tôt. Je voulais, d'ailleurs, qu'elles précédassent le poëme sur la guerre d'Orient que j'ai l'intention de publier.

Quelques applications aux nouveaux événements ont été ajoutées avant de publier cet ouvrage, mais ces poésies ont été composées en 1854 et 1855.

REMEMBRANCE

PROMULGATION

DU

DOGME DE L'IMMACULÉE-CONCEPTION.

FÊTE DE LA VILLE DE NANTES.

Hommage aux Catholiques.

Décembre 1854.

Reine de l'univers, ô Vierge immaculée,
Dieu, dès les premiers temps, vous avait révélée !
Le dogme révéré de la Conception
Des Prélats réunis reçoit la sanction !
Recevez le tribut de la sainte allégresse
Qu'exprime près de vous la foule qui s'empresse !

De la Vierge admirons l'ineffable splendeur,
De son humilité la sublime grandeur ;
Vous, unique beauté parfaite en sa nature,
Vous que rien n'a souillée, ô pure créature !
O Marie, à nos vœux daignez avoir égard,
Vous charmez du Très-Haut le suprême regard !

Pure comme un beau lys caché dans la vallée,
Aux yeux de l'Éternel, votre âme est dévoilée ;
Du trône glorieux où l'on vous fit asseoir,
Voyez au saint autel s'élever l'encensoir !
Vous nous donnez le Verbe, ô femme préférée ;
Vous, le temple divin et l'Arche révérée ;
Vous, en qui reposa ce saint Législateur
Qui vint fléchir pour nous le puissant Créateur !
Daignez, Reine des Cieux, de la céleste sphère,
Abaisser vos regards sur vos fils de la terre ;
Dans le lieu de l'exil, ici-bas, sont les maux,
Et le pauvre y gémit sous les rudes travaux !

Quand la funeste guerre apporte les ravages,
Lorsqu'un cruel fléau sévit, offrez nos gages ;
Les mortels, ô Marie, en cette extrémité,
Implorent votre amour, votre immense bonté !

Regardez à vos pieds le monde catholique,
Admirez les splendeurs de cette Rome antique :
Les Pontifes du Christ pour vous sont rassemblés ;
Les augustes Prélats ne se sont point troublés,
La gloire, la splendeur de la Vierge Marie
Triomphe et retentit dans toute l'Italie !

Que dis-je ? On redira, dans l'univers entier,
Que le premier péché dont l'homme est héritier,

Jamais n'a pu souiller la Vierge immaculée,
La fille du Très-Haut par lui-même appelée :
L'Épouse de l'Esprit, Mère du Saint-Enfant
Que l'étable et la crèche ont vu faible et naissant,
Le Verbe du Très-Haut, la parole féconde,
Le grand législateur, le Rédempteur du monde !

Quand les échos lointains apportent ces accents,
De la Sion nouvelle entendez-vous les chants ?
Les cloches à l'envi dans Rome retentissent,
Les rangs sont confondus et tous les cœurs s'unissent ;
On célèbre Marie et son titre immortel,
D'innombrables flambeaux brillent au saint autel !
L'encens vers le Seigneur monte avec nos prières,
On déploie au parvis les légères bannières ;
Les ravissants accords, les chants mélodieux,
S'élancent triomphants et font rêver des cieux !
O Regina Cœli ! Vierge, Reine de gloire,
Donnez à nos drapeaux l'honneur et la victoire !
Que la paix soit le prix couronnant nos guerriers ;
Protégez leur valeur, bénissez leurs lauriers.
Lorsque le catholique en ce jour vous supplie,
O Vierge immaculée, à vous on se rallie !
Reine de l'univers, dont le trône est aux cieux,
Régnez sur tous les cœurs dans ce jour glorieux !
Vous, Mère bien-aimée et l'Épouse chérie,
Vous l'Étoile des mers, l'espoir de la patrie,
Daignez de notre joie accepter les élans ;
Exaucez nos souhaits, écoutez nos accents !

Rome, ivre de bonheur, chante son allégresse,
Les Romains à Marie expriment leur tendresse,
Le Vatican tressaille ! Aux rayons scintillants,
Italiens, Français, Hollandais, Castillans,
Réunis en ces lieux, sous les sacrés portiques,
Expriment les transports, les vœux des catholiques !

L'Autrichien fervent vous exprime ses vœux ;
Ferme contre l'erreur, il croit, il est heureux.
De Luther, de Calvin repoussant l'influence,
Dans le chef de l'Eglise, il met son espérance !

Le Polonais chérit et le Pape et la croix ;
Sous le joug moscovite, il élève la voix ;
Catholique romain, il attend, il espère.
Le Pontife a du Czar blâmé la loi sévère ;
Dame-de-Bon-Secours, aide des opprimés,
Fléchissez les tyrans des peuples désarmés ;
Dans ce jour de triomphe, ô divine Marie !
Le Polonais vous prie en pleurant sa patrie,
Son antique Pologne et ses rois polonais.
Oh ! que ses souvenirs lui causent de regrets !
Le cœur du Polonais, telle est la sensitive,
Se ferme quand on rend sa Pologne captive.
Une patrie aimée, une patrie en deuil,
Dont l'amour pour ses fils est un perfide écueil.
Quand le sbire du czar, inspiré par la haine,
Impose son idiome, opprime, écrase, enchaîne !

O Vierge immaculée, obtenez l'union
Des chrétiens séparés par leur communion !
Répandez, Dieu puissant, vos célestes lumières ,
Exaucez de mon cœur les ardentes prières ;
Que, dévoilant à tous l'auguste vérité,
L'Éternel daigne au monde accorder l'unité !
Qu'on observe en tous lieux la loi de l'Évangile,
Que les peuples heureux offrent un cœur docile
Au pouvoir paternel, prévoyant, protecteur,
Qui veut le bien de tous, semblable au Créateur !

L'univers s'est ému de la grande nouvelle ;
En tous lieux, les transports de la Ville éternelle
Ont trouvé des échos dans les cœurs transportés ;
L'airain fait retentir ses timbres argentés ;
Il annonce aux humains une grande victoire,
De la Reine du Ciel il célèbre la gloire !
En domptant le serpent qu'elle foule du pied,
Dont les plis tortueux lui servent de trépied,
La Vierge a mérité d'universels hommages ;
Ses droits sur les mortels sont de beaux apanages !

La France est recueillie, et nos grandes cités,
Du culte catholique empruntant les beautés,
Rivalisent d'amour pour la douce Marie ;
On proclame les dons de la Reine chérie !
Dame-de-Bon-Secours, les mâts, forêt du port,
Sont, par les matelots, tous pavoisés à bord.

Les marins francs, loyaux, savent prier et croire,
De la Vierge Marie ils honorent la gloire !
La Dame-de-Bon-Port, en régnant dans les cieux,
Sur l'abîme entr'ouvert soutient les cœurs pieux !
De la Sion nouvelle on entend les cantiques,
Le temple retentit de nos chants catholiques,
Quel beau Magnificat, dans ce vaste univers !
Je vois aux saints autels tous les peuples divers !

Parmi tant de cités, notre chère Bretagne
Fait éclater sa joie, et l'agreste campagne
Joyeuse retentit des cloches du hameau.
La Bretonne, égrainant son Rosaire tout haut,
Salue avec amour la fête consacrée,
Comme aux plus beaux Pardons, heureuse elle est parée !

A Marseille, à Lyon, une sainte allégresse
De nos heureux Bretons devançant la tendresse,
Ces peuples, les premiers ont exprimé leurs vœux,
La gloire de la Vierge a fait des cœurs heureux !

Nantes fête à son tour la Vierge immaculée,
Dans l'antique Armorique où pudique et voilée,
On l'invoque à genoux, au bord de l'Océan,
Pour l'époux, pour le père, ou pour le fils absent.

Le jour tant désiré commençant à luire,
Le zèle de nos cœurs est fier de se produire.
Aux couleurs bleu de ciel, les balcons décorés,
D'élégants étendards dans les airs arborés,
Tout peint des cœurs bretons la foi pure et fidèle,
Tout témoigne à Marie et l'amour et le zèle,
La joie et le bonheur, le triomphe et l'amour,
Transportent tous les cœurs dans ce noble et grand jour !

Un soleil radieux, un ciel pur, sans nuages,
Semblent nous annoncer les plus heureux présages,
Du Lieu-Saint décoré, l'auguste majesté
Nous charme et nous ravit par sa grave beauté !
Des dômes élégants, au chiffre de Marie,
Là, le blanc virginal au bleu pur se marie,
Emblème révéré de chaste pureté,
Ornements radieux de la virginité !

Sous les nombreux arceaux de l'Eglise gothique
Des faisceaux élégants, la bannière héraldique,
Les orgues dans leurs chants expriment nos transports,
Tous les cœurs sont émus par leurs puissants accords !
Le temple resplendit d'éclatantes lumières,
L'Ange porte au Seigneur les vœux et les prières,
De notre saint Prélat les bénédictions,
Ont fait battre les cœurs, remplis d'émotions !
L'encens monte vers Dieu, la foule est recueillie,
Le cortége défile et la Vierge bénie

Semble accepter nos vœux, nos transports et nos chants;
On entend du clergé les glorieux accents !
Il est au saint autel, et l'office commence !

Le dogme proclamé comble notre espérance !
Au-dessus de l'hostie un riche baldaquin
Couvre le Dieu vivant au service divin !
Un saint recueillement électrise les âmes,
La grâce allume aux cœurs de séraphiques flammes !

De la sainte Sion on croit voir les beautés,
Vers le trône éternel les vœux sont emportés;
Lorsque le Saint des Saints remplit le sanctuaire,
Nous célébrons, heureux, la gloire de sa mère !
Nous exaltons l'instant où ce Dieu plein d'amour
Naquit dans une étable et parut en ce jour :
Le Messie attendu que fête la nature !
O Marie admirable et pure créature,
Quand l'étoile du ciel indique le berceau,
Conduisant d'Orient vers l'enfant doux et beau
Les Mages, les savants, les puissants et les sages,
Les Anges, les bergers unissent leurs hommages ;
Vous étiez seule alors exempte de péché,
De cette faute, hélas dont l'homme est entaché !

O Vierge immaculée, accueillez nos prières,
Le Pontife, pour nous, vous fait des vœux sincères.

Il vous invoque encor pour nos preux d'Orient ;
Que pour eux, ô mon Dieu ! du fond de l'Occident,
L'Ange du sacrifice emporte nos alarmes :
Donnez-leur la victoire en protégeant leurs armes.
Que votre Esprit divin, fortifiant leurs cœurs,
Guide leurs bataillons et les rende vainqueurs !
Que toujours triomphants ils célèbrent la gloire
Du Seigneur des combats, qui donne la victoire !

Tels sont les vœux ardents que vous fait aujourd'hui
Un peuple qui vous prend pour guide et pour appui ;
Un peuple qui chérit la Vierge immaculée,
Heureux de cette gloire à ses yeux dévoilée !

Le jour fuit et la nuit s'étend sur la cité ;
Des feux éblouissants la brillante clarté
Rehausse la splendeur de l'Église sacrée :
Quel jour pur et nouveau, quelle nuit consacrée !
D'innombrables flambeaux, aux dessins radieux,
Éclipsent la clarté de l'astre errant des cieux !

De tous les cœurs pieux comment peindre le zèle ?
Sur le balcon du pauvre une lampe étincèle,
De gracieux hôtels où brillent mille feux,
Les étendards sacrés, les ornements pieux,
On ne voit que festons, guirlandes et lumières ;

A la Reine du ciel quelques saintes prières,
L'expressive devise aux brillants transparents,
Tout parle du bonheur des cœurs reconnaissants !

De ce glorieux jour, la touchante allégresse,
O Vierge, de nos cœurs vous peint la douce ivresse !

Placée à nos balcons, quand la nuit va finir,
Acceptez notre joie et daignez nous bénir ;
Protégez les chrétiens, ô Vierge immaculée,
Près de vous, dans les cieux, quand notre âme envolée
Vous dira : Votre image est l'heureux talisman
Qu'on place sur nos seuils, depuis le doux moment
Où Rome proclama le dogme salutaire,
Hommage de l'Église à la divine Mère !
Hommage du Pontife, immortel serviteur,
Qui garde le dépôt, trésor du Rédempteur !
Et semblable au rocher battu par la tempête,
De ce beau Vatican il couronne le faîte !
Un phare lumineux éclaire l'univers,
Il brille en ce beau jour où l'Étoile des mers
A reçu des Prélats l'éclatante lumière
Qui la montre sans tache aux peuples de la terre !

Décembre 1854.

NOËL.

O Fête de Noël,
Jour chéri de nos pères,
Quand jadis Israël,
Pleurant sur ses misères,
Attendait du Sauveur
Le précepte et la voie,
Le divin Rédempteur
Vint la combler de joie !

En gardant son troupeau,
Le berger solitaire
D'un éclat tout nouveau
Voit le feu tutélaire ;
Il dit : Gloire au Seigneur !

2.

Et paix sur cette terre.
Que l'homme sans frayeur
Adore le mystère !

On te célèbre aux cieux,
O Crèche salutaire,
Don cher et précieux !
Notre amour volontaire
Reconnaît le Sauveur
Et reçoit ses préceptes ;
Des Mages la ferveur
Fait de nombreux adeptes !

Nous possédons ce Dieu,
Ce Messie admirable.
Quel est ce sombre lieu ?
Il naît dans une étable !
Du ciel quelle rigueur,
Mais de grands rois l'honorent,
Les Anges du Seigneur
Au ciel même l'adorent !

Dans les pays divers
La loi de l'Évangile
Gouverne l'univers,
Et le peuple est docile ;

De la fraternité
On connaît le principe,
A toute charité
Le chrétien participe !

Le Messie a chassé
Le Prince des ténèbres.
Jésus l'a terrassé,
Il est aux lieux funèbres !
L'étendard de la croix
Plane sur cette terre,
Par les divines lois
Tout renaît, tout prospère.

Dieu dit : « Amour et foi !
» Soulage la misère,
» Traite aussi bien que toi
» Ton semblable et ton frère ;
» Qu'il soit cher à ton cœur,
» Celui que l'on opprime.
» Le Dieu fort et vainqueur
» Fut aussi lui victime !

» Vous, aimables enfants,
» Je vous offre mes grâces :
» Pour être triomphants,

» Il faut suivre mes traces.
» Comme moi, soyez bons,
» L'innocence est affable ;
» Retenez les leçons
» De l'amour ineffable !

» A vous, je veux donner
» Mon beau Ciel pour patrie ;
» Je veux vous pardonner,
» Race aimable et chérie.
» Entrez dans les parvis
» De mes palais célestes ;
» Chérissez mes avis
» Et mes vertus modestes ! »

Ainsi parle Noël,
Jésus, Enfant sublime,
Aux enfants d'Israël,
De cette crèche infime !
Allons à ce berceau,
Adorons le mystère,
Le prodige nouveau
Que Dieu donne à la terre !

Divin Enfant, Marie
Vous adore tout bas !

Le Mage heureux vous prie,
L'astre a guidé ses pas !
Le berger vous contemple,
L'Ange dit : Gloire aux Cieux !
L'humble étable est un temple
Qui confond l'orgueilleux !

Voici votre modèle :
Un Enfant, homme Dieu !
Prouvons-lui notre zèle,
Près de lui, dans ce lieu !
Ses petites mains s'ouvrent,
Quand il nous tend les bras,
Que de trésors découvrent
Ceux qui suivent ses pas !

Pour traverser la vie,
Partons de ce berceau ;
La charité convie
Et fait l'homme nouveau !
Jésus, Enfant suprême,
Verbe, Christ et progrès,
Par sa loi, nous dit : Aime !
L'amour mène aux succès !

C'est la clef du Ciel même
Que Dieu met en nos mains,
La robe de baptême
Qui revêt les humains.
Soulage, aime ton frère
En pratiquant ma loi ;
Reflète-moi sur terre,
Le Ciel s'ouvre pour toi !

L'ANGE AU CIEL.

A Mme de R***, sur la Mort de sa Fille,
âgée d'un an,

I.

Pourquoi donc, tendre mère,
A ta douleur amère
   Te livrer ainsi?
A l'immortel Archange
Un joli petit ange
Unit sa voix aussi.

II.

Précédant les phalanges,
Il chante les louanges
   De l'Être infini.
A ce Dieu qu'on adore

Du couchant à l'aurore,
Il s'est réuni.

III.

Son doux nom de Marie,
A la Reine chérie
  L'aura destiné !
L'enfant change ses langes
Pour deux ailes étranges;
  Il est couronné.

IV.

Ames candides, franches,
De leurs deux ailes blanches,
Les anges sont surpris ;
Mais, auprès de la Vierge,
L'ange qu'amour immerge
A l'aile au Paradis !

V.

Mère, ton cœur regrette,
Dans ta douleur secrète,
  Tes beaux jours perdus.

De la Cour immortelle
Il accueille ton zèle,
   Tes vœux assidus !

VI.

Cesse donc, bonne mère,
De tant pleurer sur terre
L'ange du Paradis.
Que ton cœur se rassure,
Ton enfant, Dieu l'assure,
Sans combattre, a le prix !

———

SOUVENIR

DE LA

BATAILLE D'INKERMANN

Quel est ce bruit lointain, lorsqu'ici tout sommeille ?
Quels sont ces cris stridents qui frappent mon oreille ?
D'un rêve mensonger est-ce l'illusion ?
Hôte des sombres nuits, plein de persuasion ?

Je vois devant mes yeux l'Ange de la Victoire;
Le front ceint de lauriers, l'œil rayonnant de gloire,
Son air majestueux et ses divins accents
Inspirent le respect et captivent mes sens.

« Vois, dit-il, des guerriers les nombreuses phalanges,
» Au Seigneur des combats la gloire et les louanges !
» De ces fiers alliés honore la valeur,
» Dis de leurs ennemis la perte et le malheur.

» Patrie et dévoûment animent notre armée,

» Que ta voix soit ici la juste renommée ;

» Sois docile à ma loi, cesse de résister,

» Je t'ordonne à l'instant de croire et d'écouter

» Ce que va t'inspirer ma volonté suprême ;

» Je serai le soutien de ta faiblesse extrême,

» J'inspirerai ton cœur sans paraître à tes yeux.

» Redis aux Potentats que le Dieu glorieux

» Doit toujours présider même à leur politique ;

» Qu'ils doivent respecter le Code évangélique ;

» Qu'ils sont les instruments des desseins du Très-Haut.

» La justice et le droit sont le vrai, sont le beau ! »

Soudain je m'éveillai ; mais j'écoutais mon rêve :
Il parlait à mon cœur sans me laisser de trêve,
Je croyais voir encor cet Ange inspirateur
Me pressant du regard, faisant battre mon cœur !

Non pas que mon esprit, trop crédule ou frivole,
Croie aux songes légers comme à sainte parole ;
Ou que vain, orgueilleux, ou superstitieux,
Se croyant en secret averti par les cieux,
Après avoir reçu l'ordre exprès et suprême,
Il rende grâce au Ciel de la faveur extrême !

Non, mais un feu sacré brûle, enflamme mon cœur ;
Il m'inspire, il me parle en maître, il est vainqueur !

Quand le Dieu tout-puissant, en me créant poëte,
Me confie un dépôt dont je suis l'interprète;
Sur la gloire et l'honneur, en plaçant mon talent,
Je dois lui rendre compte et donner cent pour cent!
En lui gagnant des cœurs et l'amour et l'hommage,
Faisant chérir sa loi, son amour et son gage;
En montrant aux humains le Seigneur des combats
Triompher par leurs mains et vaincre par leurs bras!
C'est le Dieu de la paix; quand il permet la guerre,
De ses desseins cachés respectons le mystère!
La justice parfois le contraint à punir;
Seul, il connaît des temps le secret avenir!

De toute illusion je saurai me soustraire,
Je redoute en secret un récit téméraire;
Interdite et troublée, en élevant la voix,
Mes accents seront-ils dignes de ces exploits
Accomplis par des preux que révère le Monde?
Poëte, historien, ma verve sois féconde,
Raconte des Français les glorieux hauts faits,
Célèbre leurs exploits, leur gloire et leurs succès!
Honorons leurs vertus; l'impartiale histoire
Appelle ces guerriers au temple de mémoire!

Les Russes pleins d'espoir redoublent leurs efforts;
Ils s'avancent la nuit, quand de nombreux renforts
Permettent d'accomplir un dessein téméraire.

Les grands Ducs sont présents; par leur ardeur guerrière
Enflammant les soldats et transportant leurs cœurs,
Déjà les ennemis poussent des cris vainqueurs !
Ils ont des alliés oublié le courage ;
Comme à l'Alma pourtant, ils auront l'avantage !

Les Anglais, menacés dans leur position,
Rivalisent d'audace et d'abnégation ;
Dans ce sanglant combat, à jamais mémorable,
Ils soutiennent un choc terrible et redoutable !
Les nombreux ennemis ont gagné du terrain ;
Des courageux Anglais le sort est incertain ;
Rompus, ils faiblissaient, lorsque de notre armée
On entend les clairons !... Un héros de Crimée,
Le général Bosquet, commande à ses guerriers ;
Ils vont aux pas de course aux combats meurtriers !

Déjà les ennemis connaissent les alarmes,
Ils tombent sous les feux des redoutables armes ;
Le combat recommence avec acharnement,
Comment rendre l'horreur de ce fatal moment?
Les morts et les mourants tombent sous la mitraille,
Les Français ont ici le gain de la bataille !
On voit de tous côtés les Russes repoussés,
Par les vaillants Français vaincus et terrassés,
Ils reculent trois fois devant la baïonnette ;
Malgré leur dévoûment, leur déroute est complète!

Le bras du Tout-Puissant a guidé nos guerriers,
L'amour de la patrie assure des lauriers !
Les alliés vainqueurs sont maîtres de la place !
La victoire est le prix de leurs bouillante audace !

Mais, sur un autre point, par un brouillard épais,
Les Russes ont surpris les travaux des Français,
Repoussant le danger d'une attaque imprudente ,
Nos guerriers vont encor déjouer leur attente ;
Lourmel et Cornulier dans ce sanglant còmbat,
De la voix, de l'exemple animent le soldat :
De ces deux nobles fils de l'antique Armorique ,
Aimons l'honneur breton et la vertu celtique ;
Ils sont fiers du pays qui leur donna le jour :
Ils prodiguent leur sang, leur vie et leur amour.
Déployant en ces lieux le plus vaillant courage,
Ils offrent à la France et leur vie et leur gage.
Les courageux Français, devant Sébastopol,
Rappelleront les preux et les vainqueurs d'Arcole !

Le généreux Lourmel, que sa valeur entraîne,
Poursuit avec ardeur les Russes dans la plaine ;
Il se trouve engagé sous les forts ennemis.
En voyant son danger, ses courageux amis
Entraînent les soldats , redoublent d'énergie ;
Ils veulent le soustraire à la bombe ennemie.
L'invincible Forey, volant à son secours ,

Lui prête de son bras la force et le concours !
Mais Lourmel est blessé par le fer homicide ;
Il tombe sous ces murs où trop d'ardeur le guide !

Qui pourrait des guerriers peindre ici la douleur ?
Ils pleurent le héros et sa noble valeur ;
Ils enlèvent son corps que leur amour protége ;
Leur courage lui fait un glorieux cortége !
Retournant au combat pleins d'un ferme courroux,
C'est au nom de Lourmel qu'ils dirigent leurs coups !

Canrobert en ce jour guide et conduit ses braves,
Lorsqu'il combat blessé, méprisant les entraves,
La cruelle douleur ne le peut ébranler ;
Il veille à ses guerriers, il aime à leur parler,
Il enflamme leur cœur pour l'honneur et la gloire ;
Il les guide au combat et promet la victoire !
Que ne puis-je, en mes chants, pouvoir les rappeler,
Ces preux que la patrie a vus se signaler !
Ils ont des droits sacrés à la reconnaissance
Que la France toujours accorde à la vaillance,
Lorsque, bravant la mort et fidèle à l'honneur,
L'intrépide guerrier triomphe avec bonheur !

O vous, anges si purs, que Dieu, dans sa clémence,
Envoie à nos guerriers pour calmer leur souffrance ;

Recevez le tribut de l'admiration !
Quand le blessé bénit ta sainte mission,
O Sœur de charité, les vains bruits de la terre
Ne peuvent de ton cœur troubler le sanctuaire.
Ne crains pas que ma voix, dans sa témérité ,
Blesse de tes saints vœux la douce humilité ;
Eh? que sont à tes yeux des honneurs éphémères !
L'amour de Jésus-Christ, le bonheur de tes frères ,
Liens forts et puissants, amour et charité ,
Te guident sur la route où la douce clarté
En éclairant ton cœur sur les vertus modestes ,
Dirige tes désirs vers les beautés célestes !
Veille, en priant sans cesse, auprès de nos blessés ,
Que par tes tendres soins, loin d'être délaissés ,
Ils trouvent dans ton cœur et leur sœur et leur mère ,
Ce charme qui soulage une souffrance amère ;
Toi, servante du Christ, épouse du Seigneur ,
Calme d'un sort cruel la peine et la rigueur !

Aimable et douce Paix, fille de la Victoire ,
Puissiez-vous pour longtemps couronner notre gloire,
Qu'un fameux Potentat, dans ses prétentions,
Respecte l'équilibre entre les nations ! (1)
Que la paix au pays ramène l'abondance

---

(1) Ces vers ont été composés peu de jours après la bataille d'Inkermann, avant la mort de Nicolas, empereur de Russie.

Ainsi que les guerriers, honneur de notre France !
Que les peuples unis et faits pour s'estimer
Cessent de se combattre, apprennent à s'aimer ;
Que, n'oubliant jamais qu'ils ont le même père,
Ils échangent entre eux le nom si doux de frère !

O Peuples, oubliez toutes divisions,
Évitez les combats et les collisions ;
Reconnaissez en vous une même origine.
Mortels, soyez heureux sous la Charte divine ;
Dans le Code sacré, cherchez la vérité,
Imitez du Saûveur la tendre charité !
Dans ce vaste univers, tout chante les louanges
Du Seigneur des combats qui conduit les phalanges.
Écoutez nos accents, exaucez nos souhaits,
Daignez, Dieu tout-puissant, nous accorder la paix !

Novembre 1854.

3.

BOUQUET A MA MÈRE.

———

Pour te fêter, ma mère,
Je compose un bouquet;
Que sa grâce légère
Te dise mon secret.
Cette fleur qui s'incline
Et dit : Pensez à moi !
Ah ! ton cœur le devine
Ma pensée est pour toi !

Le Myosotis dit : J'aime,
Ah ! ne m'oubliez pas !
Là, sur ce gazon même
Et que foulent tes pas,
Le ruisseau qui murmure,
La fleur qui s'ouvre au jour,
Tout dit dans la nature
Un doux concert d'amour.

Le lys dit à la rose :
Belle, admire ton roi !
O fleur à peine éclose,
Chéris ma douce loi ;
A ma tige royale
Unis ton incarnat;
Ta beauté virginale,
En reçoit plus d'éclat.

Quand le lys et la rose,
D'un visage enchanteur
Rappellent quelque chose,
C'est l'aimable candeur.
La simple violette
Nous peint l'humilité
De la vierge discrète
Qu'embellit la bonté.

Le laurier dit : La gloire,
Le myrthe : Les amours,
L'Immortelle : Victoire,
Et le lierre : Toujours !
De l'amitié fidèle
Il nous dit les secrets,
Une mère ! comme elle
Il s'attache à jamais !

Mais la fleur qui couronne
Un aimable destin,
Est celle que l'on donne
A l'autel de l'hymen,
De l'oranger suave
L'enivrante senteur,
Sur un front doux et grave
Imprime le bonheur.

Reçois donc, ô ma mère,
Cet odorant bouquet;
D'une amitié sincère
Interprète incomplet,
S'il ne te dit pas : J'aime !
Je parlerai pour lui,
Le lierre, c'est moi-même ;
Toi seule est mon appui !

Pauvre fleur qui s'effeuille
Au souffle des autans,
Si la main ne la cueille
Avant les mois brûlants ;
Au vallon solitaire
Va chercher des abris,
L'ardent soleil altère
Ton charmant coloris !

La paix et le silence
Pour vous, aimables fleurs,
Symbole d'innocence
Qui plaisez à nos cœurs ;
Les vrais biens que j'envie,
Goûtez-les sous mon toit,
Embellissez ma vie ;
Je vous aime, aimez-moi.

Prodiguez vos merveilles,
Vos parfums enchanteurs,
Vos couleurs sans pareilles,
Vos prismes, vos senteurs,
De nos humbles demeures
Venez faire un palais ;
Pour embellir les heures
Vous avez des secrets.

Mais surtout charmez celle
Que je fête en ce jour ;
Votre fraîcheur nouvelle
Lui peindra mon amour.
Aimables fleurs qu'elle aime,
Vous parlez à mon cœur,
Ah ! parlez-lui de même
De paix et de bonheur.

LE MOIS DE MARIE

ET LA SAINTE ENFANCE.

Reine des Cieux, tout rend hommage
A vos vertus, à votre amour ;
De nos cœurs recevez le gage
Quand le printemps est de retour !
Tout dans les champs se renouvelle,
Les prés, les parfums enchanteurs ;
Sur l'autel, ô Vierge immortelle,
Acceptez nos dons et nos cœurs !

O Mois charmant, Mois de Marie,
Quand les mortels sont rassemblés
Pour dire à leur Mère chérie
Le bonheur dont ils sont comblés,
Dans cette chapelle gothique,
Au milieu des lys gracieux,
Écoutez le sacré cantique,
L'orgue éclatant, les chœurs joyeux !

Des accents et des voix célestes
Montent vers la voûte des Cieux !
Marie et ses vertus modestes
Inspirent tous les chants pieux !
O Vierge, notre bonne Mère !
Comblez les vœux de vos enfants !

Bénissez les fruits de la terre
Et commandez aux Océans !

De nos marins enflez la voile ;
Guidez les vaisseaux vers le port ;
Vous êtes la brillante étoile
Qui leur fait éviter la mort !
Vous êtes le phare admirable
Qui, de loin brillant à leurs yeux,
Leur dit : La Vierge secourable
Veille sur vous du haut des Cieux !

Daignez, ô divine Marie,
Protéger toujours les mortels ;
Priez, l'univers vous supplie,
L'encens fume sur vos autels !
Recevez nos vœux et nos larmes,
Vous connaissez tous nos souhaits,
Marie ; ah ! bénissez les âmes,
Nous exalterons vos bienfaits !

Priez pour tous ces petits anges,
Gentille corbeille de fleurs ;
De leurs innocentes louanges
Aimez les naissantes ardeurs ;
Leurs cheveux blonds, leur bouche rose,
Leur frais minois, leurs jolis yeux,
Vous disent encor peu de chose :
Avec le temps ils feront mieux.

La Sainte-Enfance aime à vous plaire,
En s'abritant à vos autels !
Encor qu'elle ait peine à se taire
Près de la Reine des mortels !
Ses désirs, son amour, ses charmes,
Attirent vos regards si doux,
Les fraîches prémices des âmes

Sont des primeurs dignes de vous !

Priant pour les fils de la Chine,
Pour tous les petits Japonais,
Sans disputer sur l'origine ;
Pour eux, ces enfants sont Français !
Ils ont brisé la tirelire
Où sonne le métal d'argent ;
Pour le gagner, ils aimaient lire,
C'est pour vous, fils de l'Orient !

Vierge, priez pour notre France,
Où jadis un roi très-chrétien
A voulu que notre espérance
Eût votre amour pour tout soutien !
Lorsque la Vierge, dans la gloire,
Protége et guide les Français,
Notre-Dame de la Victoire
Couronne toujours leurs succès !

Quels accents, quels flots de lumière,
Que de richesses, que de fleurs !
L'encens monte avec la prière,
Comme un pur hommage des cœurs !
Du Prêtre la douce parole
Exalte vos saintes vertus,
En nous faisant voir l'auréole
Qui doit couronner les élus !

Quand je vous vois, douce Marie,
Aux portes de l'Éternité,
Votre tendre amour nous convie
Pour voir la céleste beauté !
Voguons, pleins d'espoir, de courage,
Sur le vaste Océan des temps ;
Ne redoutons pas le naufrage,
Marie apaise les autans !

Près de son Fils, dans la Patrie,
Elle attend tous les voyageurs ;
Elle se rit de la furie
Des noirs démons, Esprits vengeurs !...
Son divin cœur, plein de tendresse,
Implore un suprême pardon,
Pour que Dieu même, en sa largesse,
De son beau Ciel nous fasse don !

Mai 1855.

LA

PREMIÈRE COMMUNION.

Quelle est la fête qui s'apprête ?
Où vont tous ces jeunes enfants ?
Je vois des fleurs orner leur tête,
Ils portent de blancs vêtements !
Une touchante et douce ivresse
Fait battre et palpiter leur cœur,
Dans leurs yeux des pleurs de tendresse
Disent leur joie et leur bonheur.

C'est qu'en ce jour ces jeunes âmes
Vont s'approcher de leur Seigneur ;
Ils ressentent les vives flammes,
Dieu, pour eux, n'a point de rigueur !
Dans cet auguste tabernacle
Ils aiment le divin Époux.
Silence, voici le miracle !
Chacun d'eux adore à genoux.

Au saint autel je vois paraître
Des Cieux l'immortelle splendeur.
Heureux enfant, tu vas connaître
L'amour divin dans sa grandeur.
Les Chérubins, les chœurs des Anges,
Vont te brûler de leurs ardeurs.
Chantez ensemble les louanges
Du Dieu qui transporte vos cœurs !

La jeune fille alors s'avance,
Pleine de grâce et de candeur,
Jésus-Christ est son espérance,
Il est son époux, quel honneur !
A la vertu toujours fidèle,
Elle consacre ses beaux jours,
A son chaste Époux, tout son zèle !
Elle est à lui, c'est pour toujours !

Quel doux spectacle alors présente
Le saint autel orné de fleurs;
La Victime auguste, innocente,
Vient prendre asile dans les cœurs !
Dieu donne ses trésors célestes,
S'unissant d'un lien d'amour
A ces enfants doux et modestes
Qui se consacrent sans retour !

Les chants pieux, les saints cantiques,
Célèbrent le divin banquet ;
L'orgue a des accords magnifiques,
L'autel les parfums du bouquet !
L'encens s'évapore en nuages,
En montant vers le Saint des Saints ;
Nos voix, nos vœux et nos hommages,
Tout est au Maître des humains !

Oh, combien ce jour plein de charmes
Révèle de sainte douceur !
Qu'il fait verser de douces larmes,
Qu'il nous embrase de ferveur !
Qu'en tous les temps notre mémoire
En consacre les doux bienfaits ;
Il nous associe à la gloire
Du Dieu qui dispense la paix !

Qu'en ce grand jour votre jeunesse,
Admise à ce royal festin,
Conserve la suprême ivresse
Du banquet de l'Agneau divin !
Ce mystère est grand, ineffable,
Un Dieu se révèle à nos yeux !
C'est l'aliment incomparable,
La chair et le sang précieux !

SOUVENIR

DE

MLLE ÉLISA MERCŒUR.

———

Toi, dont les aquilons ont desséché la tige,
Laisse-moi m'inspirer de ton noble prestige ;
Pauvre fleur effeuillée aux caprices des vents !
Lorsque tu fais vibrer sur ta lyre sonore
Ces chants tristes et doux que l'on écoute encore,
Laisse-moi recueillir tes douloureux accents !

La gloire, tu l'as dit, était ton bien suprême,
Mais hélas, bien souvent, abusant ceux qui l'aime,
Elle attend sa victime aux portes du tombeau;
C'est là, belle Élisa, qu'on a vu l'Immortelle
Couronner ton front pur de sa faveur nouvelle !
Fallait-il donc mourir pour ce laurier si beau?

Mais un feu dévorant a consumé ta vie,
Et ta voix, que toujours inspirait le génie,
Ne savait pas flatter l'orgueilleux opulent,
Ou la médiocrité qui s'admire et qui s'aime,
Et qui, se confiant à sa science extrême,
Méconnut ton génie et nia ton talent !

Tu n'avais donc pas d'or pour oser te soustraire
Au joug qu'impose, hélas, un pouvoir arbitraire ?
Et ce monde distrait, frivole et dédaigneux,
Que ne peut émouvoir la voix de nos poëtes,
Ne veut pour ses défauts que des langues muettes,
Et que des cœurs rampants pour approuver ses vœux !

Aussi, glorieux luth, tu passas sur la terre
Pour redire tes chants à l'écho solitaire ;
Mais quand la mort brisa le fragile instrument,
La corde détendue, en vibrant dans l'espace,
De l'immortalité trouva bientôt la trace,
En nous portant l'écho de ton sublime chant !

Que ton grand cœur aimait à célébrer la gloire ;
Toi, chantre d'Annibal, que l'immortelle histoire
Nous montre en Italie, indomptable et vainqueur !
Mais qui perd à Capou, pour son nom, qu'il oublie,

L'honneur de vaincre Rome en sauvant sa patrie;
L'indigne trahison sut punir ce malheur !

Tu savais implorer l'oublieuse opulence
Pour la misère en proie à l'affreuse indigence;
Tu savais amollir les cœurs froids, sans pitié ;
Tu leur disais alors, dans tes vers pleins de charmes:
Riches, aimez le pauvre et tarissez ses larmes ;
Ta douce voix en vain n'avait pas supplié !

L'universel génie, en animant ton âme,
Te donna l'étincelle, elle alluma la flamme ;
Tu la sentis brûler et consumer ton cœur !
C'était assez pour toi, tu poursuivis ta route,
Te brisant à l'écueil, luttant contre le doute,
En savourant la gloire, une immortelle fleur !

Mais tout est ici-bas passager, éphémère ;
Le travail te brisa près de ta tendre mère,
L'étoile s'éteignit en brillant sur ton front !
Ta poitrine brisée et ton cœur plein d'angoisse,
Ton génie abattu, ce qui tue et qui froisse,
Avaient rompu le fil du plus céleste don !

Tu contemplais ton Dieu, te penchant vers la tombe.
Le néant des grandeurs, quand notre corps succombe,

Nous apparaît au seuil de notre éternité !
Au-delà des soleils, en franchissant la nue,
La céleste beauté , c'est la vérité nue
Se montrant dans sa gloire et dans sa majesté !

Quand pauvre , en oubliant un monde vain, frivole ,
Tu voyais devant toi la brillante auréole
Qui décore le front du poëte mourant ;
Quand ton âme de feu, tressaillante et ravie,
Écoutait en silence un immortel génie ,
Qu'aurais-tu regretté près de Chateaubriand ?

Oui, ce noble génie, en devinant ton âme ,
Avait su diriger une naissante flamme ;
Et ces doux entretiens où souvent Récamier
Venait avec l'ami si bon et si fidèle ,
Au génie oublié prouver un noble zèle ,
N'étaient-ils pas pour toi plus doux que le laurier ?

Et lorsqu'enfin couchée en cette pauvre bière ,
La lampe s'éteignit et cessa sa lumière,
Je vois Chateaubriand suivre l'humble convoi ;
L'immortel écrivain, la gloire de la France,
N'était-il pas lui seul, par sa douce présence,
Un hommage éclatant et bien digne de toi !

4.

Salut, belle Élisa, fille de la Bretagne ,
La gloire est en ce jour ta fidèle compagne ;
J'aime ce luth brisé qui sait parler au cœur !
Je te contemple alors dans les sphères célestes ;
Dieu donne le génie et les vertus modestes.
Ah ! sois heureuse aux cieux , noble Élisa Mercœur !

———

SÉBASTOPOL.

ODE.

France, j'entends tes chants de gloire ;
De ta vaillance c'est le prix !
C'est pour célébrer la victoire
Qui vient de signaler tes fils !
Écoutons ces cris d'allégresse,
Cette ardente et guerrière ivresse
Qui fait battre ici tous les cœurs !
On n'entend plus les bruits d'alarmes ;
Mais lorsque se taisent les armes,
Célébrons les héros vainqueurs !

Je vois nos phalanges serrées
Se faisant jour de toutes parts,
Je vois les brillantes armées
Dominer enfin ces remparts !
Prix glorieux de la vaillance,

Honneur à l'armée, à la France,
Célébrons d'illustres guerriers !
Quand les dévoûments magnanimes
Inspirent les vertus sublimes,
Pour la France sont les lauriers !

De tous les guerriers le courage,
Le dévoûment et les efforts,
Ont ces fameux remparts pour gage,
Nos soldats sont maîtres des forts !
La Motterouge et Mellinette,
L'histoire, une noble interprète,
Burine vos brillants exploits,
Pélissier commande à l'armée
Qui s'est illustrée en Crimée,
En suivant de l'honneur les lois !

Sébastopol, vois-tu ces braves
Dont la constance et les efforts
Ont enfin vaincu les entraves
De tes bastions, de tes forts ?
Tes canons gardent le silence
Et tes enfants sont sans défense,
Devant nos modernes héros !
D'autres, couchés dans la poussière,
Ont dit leur dernière prière,
Au champ de l'éternel repos !

Honneur à vous, preux de Crimée ;
Ici, généraux et soldats
Se sont trouvés dans la mêlée
Au moment des fatals combats !
Non, plus de rang, mais le courage
Quand le vaillant Français s'engage
En méprisant ici la mort !
Il est fier de donner sa vie
Pour assurer à sa patrie
Le prix d'un généreux effort !

O puisse à jamais votre gloire,
Et vos vertus et vos exploits,
Être célébrés dans l'histoire
Par une noble et grande voix !
Mais j'entends notre Académie,
Autre gloire de la patrie,
Vous donner le prix Montyon !
En proclamant devant la France,
Que notre armée et sa vaillance
Font l'honneur de la nation !

France, regarde ton armée,
Et sois fière de tes enfants !
Sous le soleil de la Crimée,
Vois-tu combattre ces géants ?
Rien ne résiste à leur courage,

Quand Malakoff devient le gage
De leurs combats, de leur ardeur !
De ces jeunes guerriers l'audace
Devant Sébastopol efface
Le Slave fier et plein d'honneur !

Celui qui commande à ces braves,
Le noble et vaillant Pélissier,
Tout en renversant les entraves,
Aussi sage que grand guerrier ;
Quand les glorieuses phalanges
Dont je célèbre les louanges,
Redoublent ici de valeur,
Pélissier, guidant leur courage,
Arrête un funeste ravage,
En disant : Respect au malheur !

Mais, hélas, aux chants de la gloire
Se mêlent les cris des blessés ;
Sur le champ de notre victoire
Des guerriers gisent terrassés ;
Parmi ces Français magnanimes,
Hélas, que de nobles victimes :
La Boussinière et Cornuliers !...
Fils aimés de notre Bretagne,
Quand notre amour vous accompagne,
L'histoire a compté vos lauriers !

Scellant de son sang le courage,
Breton meurt sur le champ d'honneur !
La patrie a reçu son gage,
Ces remparts ont vu sa valeur !
Cessez de pleurer sur sa tombe ;
Quand le guerrier, hélas, succombe,
Dieu récompense ses vertus ;
Qu'il soit au séjour de la gloire,
Là, c'est la dernière victoire
Qui couronnera les élus !

Quand je crois voir une auréole
Briller sur le front des vainqueurs,
Quand le Dieu des combats console
Et votre mort et vos douleurs !
Respect à la veuve affligée,
Que, par la France protégée,
Elle éprouve dans ses malheurs,
Que les guerriers de la patrie
Ont, en lui consacrant leur vie,
Gravé leur nom dans tous les cœurs !

O Dieu qui donnez la victoire
En guidant nos vaillants soldats,
A vous seul appartient la gloire,
Vous, qui dominez les combats !

Vous avez protégé nos braves,
Quand ils ont brisé les entraves ;
Je vois leur front fier et vainqueur,
S'incliner vers la froide pierre ;
Ils vous adressent leur prière,
En s'écriant : Gloire au Seigneur !

26 octobre 1855.

LA JEUNE FILLE.

J'ai vu la charmante Euphrosine,
Rieuse, légère et mutine,
Essayer ses regards vainqueurs
Sur de jeunes et faibles cœurs !
Et, tel qu'un papillon volage,
Libre et léger sous le feuillage,
En voltigeant de fleur en fleur,
S'enivre de prisme et d'odeur ;
Ainsi la gentille fillette,
Qu'hymen attend et qu'amour guette,
S'enivrant de succès flatteurs,
Voit un peuple d'adulateurs !...

Redoutez un encens funeste,
Soyez sage, bonne et modeste;
Priez Dieu d'orner votre cœur
Des vertus qui font le bonheur !

La vanité nous rend coquette,
Aimez le pauvre et la retraite;
Qu'on dise : Euphrosine, heureux don,
Est le trésor de la maison !

Lorsque le nœud de l'hyménée,
Dans une heureuse destinée,
Enchaînera la jeune enfant
Par un saint et grave serment !
Que son époux soit sans alarmes,
Ses jours seront remplis de charmes;
Mon Euphrosine à la beauté
Unit la grâce et la bonté !

CHAGRIN.

Viens, pauvre mère infortunée,
Repose-toi là, sur mon cœur ;
Bien longue, hélas, est la journée
En luttant contre le malheur !
Mais la vertu toujours console
Celui qui marche sous sa loi,
Et là-haut je vois l'auréole
Que lui promet le divin Roi !

Tu le sais, jamais mon courage
N'a faibli sur le saint devoir,
Et ton bonheur était le gage
Que se promettait mon espoir.
En méprisant la calomnie,
Au noir venin, à l'œil jaloux,
Plaignons-la, car la basse envie,
Du Ciel attire le courroux !...

Mais, hélas, je vois la misère,
Au front pâle, à l'œil abattu.
O mon Dieu, faites que j'espère ;
L'espérance, c'est la vertu !...

O Jésus, dans votre Évangile,
Vous nous ordonnez d'espérer,
Vous voulez que le cœur docile
A la crainte soit étranger.
Dans le beau lys de la vallée,
Dans l'oiseau gai, joyeux, content,
La Providence est révélée,
Et votre pouvoir éclatant !
Aussi, mon Dieu, je m'abandonne
A votre soin, à votre amour;
Que votre bonté me pardonne
En me répétant tour à tour :
La douce et sainte Providence
Veille toujours sur ses enfants ;
Va, ne perds jamais l'espérance,
Travaille, prie, espère, attends !

30 octobre 1855.

GLOIRE DE LA FRANCE.

DITHYRAMBE.

———

France, en ce jour, quelle est ta gloire !
Dans la guerre et dans les beaux-arts,
Je vois tes fils, de toutes parts,
Couronnés des lauriers que donne la victoire !
Dans la riche industrie et les arts enchanteurs,
Le génie élève leur âme,
Il les anime et les enflamme,
Paris célèbre les vainqueurs !
Et lorsqu'un bruit de guerre aux rives de Crimée
Transporta ces guerriers combattant pour l'honneur,
Admirons la vaillante armée,
Chantons sa gloire et sa valeur !

Intrépides guerriers, honneur de notre France,
Sébastopol vaincu couronne vos succès !
La victoire est le prix qu'obtient votre vaillance,
Honneur à vous, honneur au nom français !

26 octobre 1856.

LA

FÊTE DE TOUS LES SAINTS

—————

O vous, heureux élus, qui régnez dans le ciel,
Entonnez en ce jour le cantique de gloire ;
    Répétez vos chants de victoire
    Au lieu du bonheur sans pareil !

On admire l'éclat des brillantes couronnes
Dont le Dieu tout puissant orne vos fronts vainqueurs ;
    Brillez, immortelles splendeurs,
    Saphir et rubis des colonnes !

Vous buvez à longs traits aux flots du pur amour,
Voyant la vérité sans nuages, sans voiles !
    Là, vous dominez les étoiles,
    Vous êtes à Dieu sans retour !

Quand au plus haut des cieux il habite lui-même,
Il remplit tout l'espace; admirez sa grandeur !
    Il pénètre dans votre cœur ;
    Il embrase celui qui l'aime !

Mais quoi, sur cet autel où réside l'Agneau,
Fume le sang divin de la pure victime ;
    Elle a purifié le crime ,
    Elle a satisfait le Très-Haut !

Je vois des saints vieillards la troupe magnifique ;
Ils ont le front courbé devant le Rédempteur.
    Gloire à l'Agneau, gloire au Seigneur !
    Célébrons-le dans un cantique.

Les épouses du Christ, au-devant de ses pas ,
Effeuillent devant lui leurs couronnes de roses.
    Les fleurs nouvellement écloses
    Au ciel ne se flétrissent pas.

Quand l'éclair a brillé, des gerbes de lumières
Illuminent les cieux d'un éclat triomphant !
    Et devant le trône éclatant
    Il n'est plus pour eux de barrières.

Les diadèmes d'or et les sceptres divins
Sont déposés aux pieds de ce Dieu qu'on adore ;
    Le ciel, la terre, tout l'honore.
    Lui seul gouverne nos destins.

Je vois des nations les phalanges nouvelles,
Et leurs blancs vêtements teints du sang de l'Agneau.
    Que leur triomphe est doux et beau.
    Ils ont des palmes immortelles !

Les justes, dans le ciel, sont couronnés de fleurs ,
Ils célèbrent le Dieu qui donne la victoire ;
    Nous chantons leur bonheur, leur gloire,
    Nous unissant aux divins chœurs !

Gloire au Dieu trois fois saint, âmes prédestinées ;
Gloire, au plus haut des cieux , au divin Rédempteur !
    A lui nos vœux et notre cœur.
    Honneur aux âmes couronnées !

    2 octobre 1855.

LE JOUR DES MORTS.

———

Dans ce jour solennel, quand nos humbles prières
Montent vers le Seigneur, comme un suprême encens !
    Exaucez nos vœux, nos accents,
    Essuyez nos larmes amères !
Ces transports douloureux, ces soupirs incessants,
    Ces regrets des cœurs repentants,
    Que dans le séjour des ténèbres,
    Où résonnent les chants funèbres,
Font entendre en ces lieux les chrétiens éprouvés ;
Ils gémissent encor pour expier l'offense,
    Que dans ce jour ils soient sauvés !
Seigneur, soyez pour eux un Dieu plein de clémence !

Déjà sur les autels de sombres ornements,
De lugubres accents qu'accompagnent nos larmes,
    Pour notre douleur a des charmes,

Seigneur, que ces vœux sont touchants.
Ils s'adressent à vous, pour des âmes si chères,
Des mères, des amis, des frères !
Seigneur, daignez les rendre heureux !
Que de ce séjour ténébreux,
Ces âmes, s'envolant au palais des lumières,
S'élancent avec foi vers le Dieu Tout-Puissant ?
Seigneur, exaucez leurs prières,
Donnez-leur le repos de l'élu triomphant !

Le ministre de Dieu vient nous parler encore
De ces amis du ciel, dont les doux souvenirs
Nous rappellent ces vrais plaisirs
Dont l'amitié toujours s'honore ;
O parlez-nous longtemps, vénérable Pasteur,
Car c'est le deuil de notre cœur
Que célèbre cette journée;
Notre âme au chagrin s'est vouée !
Seigneur, vous avez dit : Chrétiens ne pleurez pas,
La mort est un sommeil, et quand viendra l'aurore,
Quittant le linceul du trépas,
Ils verront le Seigneur que l'univers adore !

Ainsi, nous répandons aux pieds du Tout-Puissant
Les vœux de notre cœur et nos humbles prières,
Pour des âmes toujours si chères,
Nous offrons un don éclatant !

Seigneur, nous adorons cette admirable hostie,
L'homme-Dieu consacrant sa vie
A délivrer le genre humain !
Sublime, adorable dessein !
L'arbitre souverain, le Créateur suprême,
S'immole pour les morts qu'en ce jour nous pleurons.
Chrétiens, le Rédempteur, en se donnant lui-même,
Obtient pour les humains de suprêmes pardons !

Reposez donc en paix dans les saintes demeures
En adorant le Dieu qui règne dans les cieux !
Soyez bénis, soyez heureux !
Si vous avez compté les heures,
Et des sombres chagrins, et des tristes ennuis,
Si vous avez souffert dans de pauvres réduits,
Ah ! vous avez offert vos larmes,
Au Dieu dont les célestes charmes
Captivent les désirs de tous les cœurs pieux,
Et ce Dieu généreux, dans sa munificence,
Vous fait participer à la gloire des cieux,
En se donnant à vous, pour votre récompense.

LES CHEVALIERS D'AUJOURD'HUI.

I.

Oui, nous avons toujours des chevaliers sans peur,
Des héros valeureux que guide la victoire,
Des braves s'immolant à la voix de l'honneur,
Qui protégent le faible et vivent pour la gloire.
Regardons nos guerriers aux plaines d'Orient
Et cessons de pleurer sur la chevalerie ;
Là, nous verrons l'honneur observer le serment,
Et les vaillants Français mourir pour leur patrie !

II.

Contemplons leurs vertus, admirons leurs exploits ;
Nous les verrons partout, bons, généreux et braves,

Souffrir sans murmurer, quand de l'honneur les lois
Leur ordonnent de vaincre, et, malgré les entraves,
Ils vont sous la mitraille, en bravant les boulets,
Accomplir des travaux immenses, gigantesques ;
Ils bravent les frimas, meurent pour les succès.
Oh ! nous avons toujours des temps chevaleresques !

III.

Lourmel, tel que Bayard, envisage la mort :
Il embrasse la croix, rend à Dieu son épée.
Brancion sut mourir pour défendre le fort ;
Bosquet est invincible et sa gloire est aimée ;
Breton, brave et vaillant, est mort au champ d'honneur,
Sous ces remparts fameux envahis par nos braves ;
Saint-Arnaud, noble preux, est mourant mais vainqueur !
Il triomphe à l'Alma par les bras des zouaves !

IV.

Dévoûment glorieux dans les brillants exploits :
Le respect du serment, l'amour de la patrie,
Obéissance, honneur, Religion, vos lois,
Vertus de tous les jours, ont consacré leur vie.
Voilà nos fiers guerriers et nos héros français,
Voilà les chevaliers de la France nouvelle ;
Ils meurent pour l'honneur des glorieux succès,
Comme on mourait jadis pour sa dame et sa belle.

V.

Cornulier, Rapatel, sont au champ du repos.
Guerriers dignes toujours de l'amour de la France,
Nous célébrons ici vos exploits, vos travaux,
Vos vertus, votre honneur, votre persévérance !
Illustres chevaliers sans regrets et sans peur,
De Turenne et Bayard imitateurs fidèles,
A vos mânes toujours le repos et l'honneur,
Vous, les preux chevaliers aux gloires immortelles !

VI.

Combien d'autres encor, par d'illustres hauts faits,
Ont consacré leur nom et leur titre de gloire ?
Combien sur leur chemin ont semé les bienfaits ?
Combien ont préparé la dernière victoire ?
Quand je n'ose donner la palme des lauriers   [bière !
Qu'à ceux qui, morts, hélas ! sont couchés dans leur
Chacun nomme tout bas les généreux guerriers,
Les nouveaux chevaliers dont notre France est fière !

VII.

Honneur à vos succès, à vos nobles efforts,
Vous tous, vaillants guerriers des héros et des braves !
Vous avez vu tomber les redoutables forts,

Quand vous avez brisé les terribles entraves !
Chevaliers d'autrefois, voyez vos héritiers,
Saluez leurs exploits, répétez leurs devises,
Et donnez l'accolade aux nouveaux chevaliers,
Dont le dévoûment sert les grandes entreprises !

VIII.

La France aura toujours d'illustres défenseurs,
Des héros généreux qui combattront pour elle ;
Et la guerre et les arts ont de nobles faveurs
Pour couronner les fronts d'une gloire nouvelle !
Les chevaliers du Christ ont consacré leurs bras
A venger les Saints-Lieux, la Judée opprimée ;
Les valeureux exploits, les glorieux trépas
Fondent les chevaliers de l'ordre de Crimée !

IX.

La Syrie a connu nos nouveaux chevaliers,
Quand l'antique Liban, jetant des cris d'alarmes,
Avertit les Français, ces valeureux guerriers,
Qui venaient de sauver le Sultan par leurs armes.
Quand les Turcs, ignorant les beautés de la croix,
La charité du Christ, le Code évangélique,
Immolent les Chrétiens !... chevaliers, vos exploits
Répriment les abus d'un pouvoir tyrannique !

X.

La Chine les a vus, ces modernes héros,
Protéger les Chrétiens et punir le parjure ;
Quand les martyrs du Christ, pour prix de leurs travaux,
Souffraient des Mandarins et l'insulte et l'injure ;
Quand les Cochinchinois, vaincus par les Français,
Des nouveaux chevaliers subissent l'influence,
Dans le bel Orient, Religion, progrès,
Suivez les chevaliers, honneur de notre France !

XI.

Sur les pas des Français, qui lui prêtaient leurs bras,
Un prince jeune, aimable, un chevalier-poëte,
En guerroyant naguère au pays des Incas,
Tel que Fernand Cortez fit la noble conquête !
Quand les Français vainqueurs revenaient au pays,
Maximilien déjà régnant sur le Mexique,
Dans l'amour et l'hymen, il avait deux appuis :
Charlotte était l'épouse au courage héroïque !

XII.

Les fougueux descendants des enfants du soleil,
Des fils de l'Occident dédaignent les lumières ;

Au prince chevalier donnant en vain l'éveil,
Vainement la prudence adresse des prières ;
Le conseil veut la fuite. O prince courageux !
Vous l'avez entendu, sans vouloir le comprendre.
Un roi meurt sans frémir au poste périlleux ;
Mais il ne sait ni fuir, ni trahir, ni se rendre !

XIII.

Ta raison a fléchi sous le poids du malheur ;
Tu sais toujours aimer, mais tu ne peux comprendre ;
Ton Dieu t'épargne ainsi l'excès de la douleur ;
Charlotte, épouse aimée, ô cœur fidèle et tendre.
Hélas ! que n'es-tu née aux champs, dans le hameau ;
Vos deux cœurs en s'aimant, abrités sous le chaume,
Goûteraient le bonheur, des trésors le plus beau !
La folie et la mort : triste gain de royaume !

XIV.

Jadis, un roi de France, un guerrier, un vainqueur,
Fut armé chevalier dans la belle Italie ;
Bayard, le noble preux, sans reproche et sans peur,
Couronnait Marignan que fit pâlir Pavie ;
Là, tout était perdu, tout, mais non pas l'honneur !
Français, Solférino nous parle et nous convie ;
Les États garantis par l'auguste Empereur,
Disent aux chevaliers : Parole engage et lie !

XV.

Lorsque de l'étranger il purgea vos États,
Quand son bras renversa la conquête arbitraire,
Du joug des Tudesqui quand il vous délivra,
Vous avez sans égard encouru sa colère.
Sans souci de sa foi, sans respect du malheur,
Vous avez envahi les États du Saint-Père,
Outragé la victoire et bravé la valeur,
La France est fille aînée et l'Église est sa mère!...

XVI.

Elle a revendiqué sa parole et son droit;
Vous lui jetiez des fleurs, et les cris de la rue
Acclamaient les sauveurs en bénissant leur loi!
Du sang italien une race est issue;
Napoléon vainquit l'Autriche et ses guerriers!
Quand le sang des Français coula pour l'Italie,
Ce sang pour dernier mot dit : Foi de chevaliers!
Que la foi du serment féconde et vivifie!

XVII.

Tels que les Godefroy, tels que les Lusignan,
De nouveaux chevaliers sont croisés pour l'Église;
Notre vaillante armée est l'exemple vivant

Des nouveaux chevaliers de la grande entreprise :
Ils vont sous tous les ciels et sous tous les climats,
Les chevaliers sans peur de notre jeune armée.
Jeune Amérique, Asie, Europe, Afrique! Au pas
Marchent les chevaliers de notre France aimée!

XVIII.

Ils vont pour le bon droit chevauchant, guerroyant ;
Naguère, ils ont vaincu la révolte et l'audace,
Les fougueux oppresseurs de ce beau Vatican :
La voix universelle et l'écho de l'espace !
Quand les guerriers français, quand les pontificaux
Meurent au champ d'honneur pour le droit et l'Église,
O vaillants chevaliers, pour ces titres nouveaux,
A vos fronts glorieux la couronne est promise!

XIV.

Quatrebarbe, ô Bernard, ô martyr glorieux,
Vous avez entendu votre héroïque mère
Chanter le *Te Deum, un chant victorieux*,
Quand vous montiez au ciel en dédaignant la terre!
Digne de votre père, un chevalier du Christ,
De notre antique foi, joyau sans alliage,
Priez le Dieu du ciel que le divin Esprit
Ne parle pas en vain au Français de notre âge!

XX.

Sévilla, de Quélen, Rialland, de Failly,
Chevaliers du bon droit, les guerriers catholiques,
A votre dévoûment quand nos cœurs ont souscrit,
A vous, soldats du Pape aux croyances antiques,
Nous offrons notre hommage; et notre faible voix
Célèbre le blason de la chevalerie :
Un trône au Vatican surmonté d'une croix !
Les États garantis ! Départ pour l'Italie !

3 novembre 1855 et 12 janvier 1868.

SOUVENIR DE MON AMIE,

Mlle ADÈLE C***.

Loin des frivolités, en cultivant son âme,
A former la jeunesse elle a passé ses jours ;
Elle est simple, elle est bonne, et cette aimable femme
Toujours à l'infortune apporte aide et secours,
Rien ne peut égaler son active obligeance ;
Sa voix avec ardeur défend les opprimés ;
On l'aime, on la recherche, et sa douce présence
Rend heureux tous les cœurs captivés et charmés.
Son esprit indulgent, son cœur plein de tendresse,
Son caractère aimable et sa tendre amitié,
Font chérir mon amie, à qui mon cœur s'empresse
De réclamer du sien, sinon tout, la moitié !

Mais, vous voulez savoir le nom de ce modèle,
Ne devinez-vous pas de qui je veux parler?

D'ici, je vous entends dire : Eh ! mais, c'est Adèle ;
Tout le secret était de se bien rappeler !

Hélas ! Elle n'est plus, cette fidèle amie,
Un instant a suffi pour causer son trépas ;
Et la tendre amitié qu'elle a toujours servie,
N'a pu voler vers elle, en lui tendant les bras !
L'impitoyable mort a saisi sa victime
Ayant Dieu dans son cœur et le calme, et la paix ;
Dans ses humbles travaux et dans sa vie intime,
Laissant le souvenir de ses nombreux bienfaits !
De ce deuil de nos cœurs la triste remembrance
A ses nombreux amis laisse de longs regrets !
O suave amitié, que ta douce influence
Obtienne à Remembrance indulgence et succès !

MON AME

BÉNISSEZ LE SEIGNEUR.

IMITATION DU PSAUME 103.

———

Mon âme, bénissez l'Auteur de la nature,
Admirez de ce Dieu l'éclat et la grandeur !
Le splendide soleil est semblable à son cœur ;
L'un fait germer la grâce et l'autre la verdure !

Votre main, ô Seigneur ! a fait le firmament,
De la hauteur des cieux vous plongez dans l'abîme,
Du pic le plus aigu vous dominez la cime,
Et vous êtes porté sur les ailes du vent !

Vous dirigez la foudre, et les brûlants orages
Sont de votre courroux les ministres vengeurs ;

Nos champs sont dévastés, les fléaux destructeurs
Suivent l'éclair rapide et crèvent les nuages....

Seigneur, vous commandez à tous les éléments,
L'homme voudrait en vain changer vos lois suprêmes,
Les astres dans les cieux les subissent eux-mêmes,
De l'espace infini, splendides ornements !

De la cime des monts chassant les eaux rapides,
Vous avez ordonné que le vaste univers
Fût partout entouré de l'abîme des mers,
Et les eaux ont formé les Océans limpides !

Là, vous leur avez dit : Tu n'iras pas plus loin !
Là, malgré leur courroux, ces vagues mugissantes
Ne dépasseront pas, humbles, obéissantes,
Les bornes que posa votre puissante main !

Le soleil, par vos soins, féconde cette terre ;
La lune, de la nuit est l'immortel flambeau,
A sa faible lueur, nous allons au tombeau ;
L'homme est formé de terre et retourne en poussière.

6.

Lorsque, dans la forêt, règne la sombre nuit,
L'animal carnassier vous demande sa proie,
Il erre au fond des bois en cherchant une voie ;
Des ténèbres, toujours, il se fait un appui !

Mais le soleil paraît, et déjà sa lumière
Fait rentrer dans les bois leurs cruels habitants ;
Le terrible lion, de membres palpitants
Nourrit ses lionceaux et garnit sa tanière !

Quand l'homme de nouveau bénit son Créateur,
Quand le soleil levant éclaire la nature,
Il reprend ses travaux, et la riche culture
Nourrit l'homme et les fils du sage laboureur !

En voyant sur la fleur la goutte de rosée,
Admirant les épis et le cep vigoureux,
Soyez béni de tous, dit-il, ô Roi des Cieux !
Que votre volonté soit partout adorée !

Quand dans le val profond vous dispersez les eaux,
Pur cristal descendant de l'agreste montagne,
Fertilisant bientôt la riante campagne,
On les voit serpenter en limpides ruisseaux.

Quand les heureux troupeaux près de ces eaux limpi-
A la chute du jour viennent pour s'abreuver,   [des,
Que la nature est belle et qu'on aime à rêver
Quand parlent le torrent et les échos rapides.

Plus loin, c'est l'aigle altier, sur le pic d'un rocher ;
Jetant son cri de guerre, il vole vers la nue :
Au fond de ce ravin, sa victime éperdue
A son regard perçant veut en vain se cacher.

Plus l'aigle est élevé, plus son choc est terrible !
Quand le timide agneau sent son flanc dépouillé,
Du cruel roi des airs l'œil sanglant a brillé ;
C'est qu'il a des lambeaux pour son repas horrible.

Détournons nos regards de ce fier conquérant,
Image, hélas ! trop vrai, de l'abus de la force.
Du paisible pêcheur j'aime à suivre l'amorce
Dans le filet qu'il jette au sein de l'Océan !

Mer, dis-nous tes secrets, qui creusa tes abîmes ?
Que sont tes profondeurs et tes peuples divers ?
Quelle main t'assigna, dans ce vaste univers,
Cette immense étendue et ces bornes sublimes ?

Sur tes flots agités où vont ces bâtiments ?
Quels sont ces fiers humains dont l'indicible audace,
Sondant tes profondeurs, a mesuré l'espace
Et bravé la fureur de l'orage et des vents ?

Ils vont sous d'autres cieux visiter d'autres terres,
Du divin Créateur admirant les bienfaits.
Hardis navigateurs, heureux de vos succès,
Échangez les produits de nos deux hémisphères !

Que l'univers est beau, qu'il est vaste et sublime !
Quelle magnificence et quels dons éclatants !
Dans le cèdre orgueilleux ou dans la fleur des champs,
Dans l'astre radieux ou dans l'insecte infime !

Les moissons, les forêts, la verdure et la fleur,
Les troupeaux, les poissons, les animaux sauvages,
Les gracieux oiseaux sous les riants bocages
Célèbrent tour à tour l'hymne du Créateur !

Qu'à jamais du Seigneur on raconte la gloire,
Que lui-même s'admire en ses divins travaux !
Disons en son honneur des cantiques nouveaux,
De ses nombreux bienfaits consacrons la mémoire !

Puisse mon humble voix plaire à ce Dieu puissant !
Quand il parle à mon cœur, il me comble de joie ;
Sous son divin regard, je veux suivre sa voie,
Je veux lui consacrer mon amour et mon chant !

TABLE.

Nantes, impr. MERSON, rue du Calvaire, 8.

www.ingramcontent.com/pod-product-compliance
Lightning Source LLC
LaVergne TN
LVHW050619090426
835512LV00008B/1557